어떤 날의 기억

어떤 날의 기억

조안나 글 그림

차례

어떤 날의 기억　9

마치는 말　85

아버지에게

손발톱 모서리를 둥글게 다듬는 사람. 걸음이 빠른 사람. 자동차를 운전할 때 맨발로 액셀러레이터를 밟는 사람. 바지 주머니에 손을 찔러 넣고 다니는 사람. 안경의 렌즈와 코 받침을 정성스럽게 닦는 사람. 의자에 앉을 때 다리를 반드시 꼬는 사람. 골프와 바둑을 좋아하는 사람. 텔레비전을 볼 때 누워서 보는 사람. 즐거운 일이 생겼을 때 조용히 웃는 사람. 눈이 마주치면 입을 살짝 벌리고 고개를 비죽이 내미는 사람. 방귀를 잘 뀌는 사람. 화장실에서 큰일을 볼 때 읽을거리가 꼭 필요한 사람. 외출할 때 필요 없는 물건을 가지고 다니지 않는 사람. 글씨를 꾹꾹 눌러서 쓰는 사람. 쑥스러울 때면 엄지와 검지로 코를 매만지는 사람. 상의는 바지 밖으로 나오지 않게 넣어서 입고 허리띠를 꼭 하는 사람. 한여름에도 더위를 잘 타지 않는 사람. 헌팅캡 모자를 즐겨 쓰는 사람. 구두보다는 운동화가 더 편한 사람. 혼자 있는 시간이 필요한 사람. 역사와 정치에 관심이 많은 사람. 밥 먹을 때 한쪽 다리를 접고 먹는 사람. 가끔 눈이 마주치면 식구들 몰래 윙크를 날리는 사람. 커피 하나에 설탕은 하나, 물 많이. 계란은 반숙.
때로는 보이는 모습만으로도 그 사람에 대해 조금은 알 수 있는 것 같다.

겨울날
밤늦게 들어오는 아버지의 양복 외투에는 찬바람 냄새가 묻어있다.
나는 그 냄새가 좋아서
아버지가 퇴근할 때까지 기다렸다가
용돈 주세요. 하면서
제일 먼저 달려가 외투를 받아들었다.

나의 어린 시절.
평소의 아버지는 왠지 조금 어렵고 다가가기 힘든 분이었다. 아버지는 회사 일로 너무 바쁘고 출장도 많았던 탓에 가족들과 함께 보내는 시간이 많지 않았었고, 나 역시 과묵한 아버지에게 먼저 다가가 치대는 성격이 아니었다. 어쩌다 아버지와 집에서 마주칠 때면 나는 두 손을 모아 공손히 인사를 하고, 멀찌감치 떨어져서 아버지가 하는 말이나 행동을 남몰래 관찰하곤 했다.
당시 관찰했던 기억을 몇 가지 적어 본다.

아버지는
하나. 발가락에 털이 있다. 특히 엄지발가락에는 엄청 많다.

둘. 발가락 이야기가 나와서 말인데, 아버지의 발가락은 발가락 사이마다 공간이 있어서 마치 개구리 발가락 같다. 나도 그렇다.

셋. 아버지는 누워서 텔레비전을 보다가 잠이 들곤 했는데, 잠들기 전마다 하는 버릇이 있다.
먼저 안경을 벗고 반듯이 바닥에 눕는다. 그다음 누워 있던 몸을 옆으로 세워 한쪽으로 누운 후에, 위쪽 팔은 반대쪽 겨드랑이에 쑤셔 넣고 아래쪽 팔은 접은 후 손을 턱에 괴고 잠이 든다. 잠들기 전에는 입을 쩝쩝대는 버릇이 있다.

넷. 화가 나면 잠잠했던 눈이 엄청나게 커진다.

다섯. 무언가에 집중하고 있을 때는 다가가거나 옆에서 말을 걸어도 알아차리지 못한다.

여섯. 몸이 문어처럼 유연하다. 소파에서, 식탁 의자에서, 거실 바닥에서도 아버지의 다리는 늘 꼬아져 있거나 접혀 있다.

일곱. 아직 어린 나에게 자기 코털을 자르는 막중한 임무를 준다.
코털은 생각보다 두꺼워서 잘 잘리지 않는다. 게다가 제멋대로 뻗쳐있거나 잘 보이지 않는 곳에 도망가서 숨어있다. 내가 삐져나온 코털을 작은 가위로 자르면, 아버지는 거울을 보고 코를 최대한 크게 확장 시켜서 8자 동굴을 만든다. 그다음 흥흥. 콧바람을 내쉬고 아직 숨어있는 것들의 위치를 손가락으로 찾아서 나에게 알려준다. 그러면 나는 다시 가위로 코털을 자르고, 아버지는 다시 흥흥. 콧바람을 내쉰다. 이렇게 두어 번 반복하고
이제 되었다. 고맙다. 하면 나의 임무는 끝이 난다.

여덟. 화장실에서 엄청난 시간을 보낸다.
아버지가 그곳에서 볼일을 보며 커피도 마시고, 신문 한 부를 다 읽으면 마침내 화장실 문이 열린다. 아버지가 화장실에 있는 시간은 꽤 길어서(짧게는 삼십 분에서 길게는 한 시간 정도) 화장실이 하나였던 우리 집에서는 아빠 화장실 간다. 소리가 들리면 어머니를 포함한 나머지 네 식구가 잽싸게 화장실 앞에 줄을 섰다.

지금은 상상하기 힘들지만, 당시엔 아파트에서도 자기 집에서라면 당연히 담배를 피우던 시절이었고 아버지는 애연가였다.
특히 화장실에서 담배 피우는 것을 즐기셨는데, 아버지는 볼일을 보는 중간중간 다 읽은 신문이나 빈 커피잔을 내어놓았고, 그럴 때마다 열리는 화장실 문틈으로 담배 연기와 신문 냄새가 뒤섞인 오묘한 냄새가 솔솔 새어 나오곤 했다.

그림을 그리다가 어느 날.
아버지와 함께한 기억 중에서 내가 떠올릴 수 있는 가장 처음의 기억은 무엇일까. 하는 생각이 떠올랐고 나는 하던 것을 멈추고 머릿속 영상들을 뒤적였다. 그러다가 어떤 기억이 하나 떠올랐는데 에이 설마. 그날의 기억이라니.
아버지와의 처음의 기억이라고 하면, 그분과의 무언가 따뜻하고(아버지의 품에 포옥 안겨 있다든지), 즐거운 기억(아빠아 하고 달려가 아버지와 같이 뛰어노는 모습이라든지)이 떠오를 줄 알았던 나는, 처음의 기억이 하필 '그날'이라는 것에 조금 당황스러웠다.

아버지는 집에 있을 때면 언니 오빠와 '서울 구경'이라는 놀이를 했다. 놀이의 내용은 생각보다 단순하다.
먼저 언니 혹은 오빠를 바로 서게 한 후 아버지는 그 뒤로 가서 아이와 똑같은 방향을 보고 선다. 그리고 양손을 들어 앞에 선 아이의 양쪽 귀 뒤편, 머리와 턱 언저리를 잡는다. 그다음, 잡은 모습 그대로 '서울 구경가자' 하며 아이를 위로 들어 올렸다 내리면 놀이는 끝이 난다. 놀이 중 아이의 발은 바닥에서 두 뼘쯤 떠 있다 내려온다.

나와 네 살 여섯 살 터울인 언니와 오빠는 자주자주 서울 구경을 했다. 서울 구경을 할 때마다 오빠와 언니는 꽤나 신나 보였고, 양쪽 볼이 벌게져서는 자신만만한 표정으로 나를 내려다보곤 했다.

　　그날은 유난히 아버지의 기분이 좋았던 것 같다. 주말이었던가. 어쩌면 평일이었을 수도 있겠다.
아버지는 언니와 오빠에게 서울 구경을 실컷 시켜주더니 나더러
　　이제 우리 막내도 서울 구경할 정도로 키가 컸지. 하시며 나를 쳐다보았다. 나에게도 기회가 오다니.
나는 언니 오빠처럼 서울 구경을 할 수 있다는 기대감에 잠시 기뻤지만, 막상 아버지의 큰 손이 다가오자 덜컥 무서워졌고, 온몸이 뻣뻣해졌다. 아버지는 이런 나를 눈치채지 못했는지
　　괜찮아. 서울 구경하면 목도 가늘고 길어져요. 라고 말했고, 나는
　　진짜요. 진짜 목이 길어지나요. 라고 묻고 싶었고,
순간 내 몸은 바닥에서 붕 떴다가 내려왔다.
나는 처음엔 아무 소리도 들리지 않다가, 얼굴이 빨개지다가, 재밌냐. 하고 옆에서 누군가 묻는 소리에 갑자기 눈물이 쏟아졌다. 예상과 다

른 나의 반응에 아버지는 당황했고 즐거웠던 분위기는 조금 어색해졌다.

서울 구경 놀이는 겁 많은 너덧 살 꼬맹이의 기대와는 아주 달랐다. 긴장했던 목은 뻣뻣했고, 아버지 손에 눌린 귀는 아팠고, 아버지의 손에 잡혀 대롱대롱 매달려 있는 내 머리는 텔레비전 만화 주인공처럼 뽕 하고 뽑힐 것만 같았다.
그날 이후에도 아버지는
　무섭지 않은 거야. 서울 구경하면 목이 가늘고 길어져요. 하며, 나에게 종종 서울 구경을 시켜주었다.
나는 더 이상 울지 않았지만 그렇다고 놀이가 좋아지지도 않았다. 그저 아버지와 함께하는 그 시간이 좋아서. 놀이를 할 때마다, 제발 머리만 뽑히지 않게 해 주세요. 하고 마음속으로 기도했다.
그러고 보니, 어렸을 때 서울 구경 놀이를 많이 해서 그런가.
나는 내 체구에 비해 목이 가는 편이다.

유치원 다니기 시작할 나이즈음부터 아버지는 나에게 자잘한 심부름을 시키곤 했다. 예를 들어 담배 재떨이 비워오기, 구두를 먼지떨이개로 털기, 아버지 퇴근 후 벗은 양복을 옷걸이에 걸기. 등이다. 심부름을 완수하면 오백 원씩 용돈이 생겼다.

받은 용돈은 분홍색 혹은 빨간색 플라스틱 돼지 저금통에 차곡차곡 모았다. 저금통이 꽉 차서 더 이상 동전이 들어가지 않으면 어머니와 함께 배를 갈랐다.
배가 갈라진 돼지 저금통은 휴지통에 버렸고, 동전들의 행방은 아직도 알 수가 없다.

아버지가 쉬는 날.
내가 먼지떨이로 구두를 털어놓으면, 아버지는 털어놓은 구두를 현관 한쪽에 주욱 늘어놓고 고약한 냄새의 구두약과 얼룩덜룩 더러워 보이는 회색 걸레를 꺼낸다. 그다음, 한쪽 손은 발이 들어가는 곳에 찔러넣고, 다른 한쪽 손은 걸레를 말아 감고, 구두약을 살짝 찍어 구두 앞코에서부터 원을 그리며 문질러 닦는다. 닦는 중간중간 아버지는 구두코에 입김을 하. 불어 넣기도 한다. 이것을 여러 번 반복하면 신기하게도 구두에서 빛이 난다. 내가 우와. 하며 아버지가 구두 닦는 모습을 지켜보고 있으면 아버지는

왜. 신기하니. 하기도 하고
이건 네가 손으로 아직 만지면 안 돼. 하기도 한다.

어떤 날은 아버지가 현관에 벗어 놓고 나간 구두를 만지며 놀았다. 아버지가 그러던 것처럼 한쪽 손을 구두에 푹 찔러놓고 입김을 하 하고 불어보기도 하며 구두에 새겨진 주름들을 한참 들여다보곤 했다.

쉬는 주말이면 아버지는 전기면도기 청소를 하셨다.

먼저, 신문을 활짝 펴고 거실 마루 한편에 앉아 면도기 뚜껑을 열어서 면도기 머리 부분과 몸통 부분을 분리한다. 그다음 작고 빳빳한 플라스틱 솔로 정성스럽게 면도기 머리를 털어내면 회색빛 고운 가루들이 펼쳐 놓은 신문 위로 소로록 떨어진다. 가루를 다 털어내고 면도기 머리를 바닥에 몇 번 콩콩 찧으면 청소는 끝이 난다.

그 모습이 언제나 신기해서 나는, 아버지와 한 뼘쯤 떨어진 곳에서 아버지가 면도기 청소하는 모습을 구경했다. 청소를 하다가 아버지가 잠시 자리를 비우면 나는 손가락으로 신문에 떨어진 수염 가루들을 모아 놓고 만지며 놀았다.

그 시절, 집에 자동차가 생겼다. 이름은 포니.
사실 나는 너무 꼬맹이라 그 자동차에 대한 기억은 별로 없다. 당시 찍어놓은 사진 속에서 우리 가족들은(나만 빼고. 사진 속 꼬맹이는 언제나 뾰로통한 모습이다) 자동차에 손을 얹거나 몸을 기대고 환하게 웃고 있다. 언니와 오빠의 말에 따르면, 당시 핫했던 그 자동차를 타고 다섯 식구가 여행도 제법 다녔다고 한다.

한번은 여름휴가에 다 같이 설악산 근처 계곡으로 놀러 간 적이 있었다. 차를 갓길에 세우고 도로 아래 계곡으로 내려가야 했는데, 막상 자동차에서 내려보니 계곡으로 가는 길은 생각보다 위험해 보였다. 경사가 완만하게 내려가는 길이 있었지만, 거리가 멀어 오래 걸린다며 아버지는 경사가 있지만 빠르게 갈 수 있는 길로 우리를 데려갔다. 사실 길이라고 말할 수 없는 도로 옆 경사진 풀숲이었다.
돌과 흙과 풀들이 뒤섞인 그곳을 아버지가 먼저 밟고 지나가서 길을 내면, 우리는 그 길을 그대로 따라 내려갔다. 어머니가 손을 잡아주고 발 디딜 곳을 알려주며 내려가는 것을 도와줬지만, 겁 많고 아직 꼬맹이였던 나는 계곡에 도착하기도 전에 지쳐버렸다.

　처음 가본 계곡은 생소했다. 평소에 내려다보던 동네 수영장은 온통 파란색으로만 보였는데 계곡의 물은 투명해서 물 바닥의 자갈들이 다 보였다. 계곡의 한쪽은 숲과 산으로 이어져 있었고, 숲에서 비죽 나온 나무들의 물그림자가 물에 비쳐 으스스한 느낌이 들었다. 어머니는 손가락으로 내가 보던 곳을 가리키며 저기 가면 귀신 나온다. 고 말했다.
나는 물가 한쪽 돌멩이에 앉아서 이미 물에 들어가 물장난을 치는 언니와 오빠를 구경하다가 발밑에 깔린 미끈미끈한 자갈들을 관찰했다. 초록색 이끼들이 살랑살랑 움직였다.

어느 순간부터 아버지가 옆에 와 앉아 있었는지는 모르겠다. 아버지는
　너 이거 할 줄 아니. 하며 내 발밑에 있는 자갈을 하나 집어서 이리저리 뒤집어 보고는 계곡물 저 멀리 휙 날려 보냈다. 자갈은 물 위를 통통통통 뛰어가다가 쏙 사라졌다. 내가
　우와. 하자 아버지는
　이거 물수제비야. 하며 나에게 자갈을 건넸다.
나는 아버지를 따라 몇 번이고 자갈을 날려보았지만 내 것은 족족 퐁당하고 빠져버렸다. 나는 언젠가 아버지처럼 물수제비를 잘 던져야지 하고 생각했다.

시간이 흘러 성인이 된 후에도 나는 물가에 가는 일이 생길 때면, 물가 주변에 작은 돌멩이나 조개껍데기 같은 것을 찾아서 물수제비를 던져본다.

여전히 내 물수제비는 한 번에 퐁당 빠진다.

곁에 있는 사람들이 너 참 못 던진다. 하고 장난삼아 놀려도 나는 물수제비 던지는 것이 좋다. 그리고 통통통통 뛰어가던 그날의 물수제비가 생각난다.

아버지가 언니 오빠, 나 이렇게 셋을 데리고 당시 거주하던 아파트 단지에 있는 지하상가에 밥을 먹으러 간 적이 있다.

지하상가에는 식당과 가게들이 주욱 늘어서 있었고, 우리는 사방이 유리로 막힌 한 스파게티집에 갔다.

조금은 어색한 분위기 속에서 아버지가
    스파게티 먹어본 적 있니. 하자
    나이가 제일 많은 오빠가 먼저, 저 있어요. 하고
    나이가 그다음 많은 언니는, 저도 있어요. 하고
    나이가 제일 작은 나는, 저는 없어요. 했던 것 같다.
아버지는 나를 보며
    이거 아빠가 미국에서 먹어봤는데 진짜 맛있는 거야. 라고 말했다.

잠시 후 스파게티가 나왔다. 새하얀 도자기 접시에는 스파게티 면이 가지런히 놓여있었고, 그 위에 얹힌 붉은빛 소스에서는 모락모락 김이 올라왔다. 우리 세 남매는 게걸스럽게 식사를 했다.
아버지 말처럼 스파게티는 진짜 맛있었다. 통통하고 탄력 있는 면에 골고루 묻어 있는 토마토소스의 맛이란. 지금 생각해도 군침이 돈다.

그때 아버지와 스파게티를 먹었던 지하상가의 그 집은 아직도 있으려나. 반짝거리게 닦아 놓았던 가게유리창도, 새하얀 도자기 접시도 아직 그대로였으면 좋겠는데. 변하지 않고 존재하는 것을 기대하는 건, 어쩌면 욕심일지도 모르겠다.

나는 언제나 졸업식 날이 좋았다. 친구들과 헤어진다는 아쉬움도 물론 있었지만, 반면에 한 단락을 끝냈다는 안도감과 내 또래와 함께 단계를 밟아 성장해 간다는 뿌듯함도 있었다. 여기저기 손에 들린 꽃다발, 차분하게 들뜬 졸업식 분위기, 교실 밖 복도의 창문. 그 너머로 슬쩍 보이는 부모님 얼굴. 이 모든 것들이 좋았다.
그리고 졸업식이 끝나면 맛있는 것을 먹을 수 있었다.

아버지는 늘 바빴지만, 삼 남매의 학교 졸업식 때는 웬만하면 꼭 참석하셨다. 꽃을 들고, 사진을 찍고, 같이 점심을 먹고, 아버지는 다시 일터로 가시고, 일종의 졸업식 루틴이었다.

당시 우리 중학교 후문에서 나와 횡단보도를 건너면 피자체인점 하나가 있었다. 함께 즐겨요 ㅇㅇㅇ. 이라는 로고송으로 더욱 유명해진 곳인데, 텔레비전에서 그 로고송이 흘러나올 때마다 과연 어떤 맛일지 궁금했다. 그곳의 피자를 처음 먹어본 건 중학교 졸업식이 끝나고 나서였다.

졸업식 후에 몰려온 학생들과 학부모로 피자집은 정신이 없었다. 우리는 자리를 잡고 앉아 제일 인기 있는 메뉴를 선택했고, 기나긴 기다림 끝에 드디어 피자가 나왔다.
아버지는 내 접시에 어른 얼굴만 한 크기의 피자 한 조각을 놓아주었다. 피자치즈가 실처럼 죽죽 늘어졌다. 나는 포크와 나이프를 들고 피자를 정성스럽게 잘라 입에 넣었다. 상상하던 맛 그 이상이었다.
아버지가
   피자 좋아하니. 내가
   네. 하자, 아버지가
   서양 사람들은 치즈를 엄청 많이 뿌려서 먹더라. 하며 초록색 통을 건넸다. 파마산 치즈가루였다.
건네받은 초록색 통을 거꾸로 세워 톡톡 치자 하얗고 얇은 가루가 피자 위로 떨어졌다. 하얀색 치즈 가루라니.

그날 피자집에서 찍은 사진 속의 나는 잇몸을 드러내고 환하게 웃고 있다.
요즘도 나는 피자를 먹을 때면 서양 사람들이 생각나고, 초록색 통에 든 파마산 치즈 가루가 생각나고, 중학교 졸업식 때 칼로 정성스럽게 잘라서 먹은 그 피자가 생각난다.

물론, 아버지에 대한 기억이 언제나 좋은 것만 있지는 않았다. 아버지는 평소에 자식들에게 화를 잘 내거나 언성을 높이는 법이 거의 없었지만, 정말로 화가 나면 길게 처져있던 눈이 유별나게 커지고 동굴 같은 목소리로 버럭 큰 소리를 냈다.

    내가 꼬맹이였던 어느 날, 아버지가 거실에 누워 담배를 피우고 계셨는데 그 날따라 담배를 많이 피우셨던가. 왕관처럼 생긴 투명한 유리 재떨이에는 구겨진 담배꽁초들이 쌓여있었고 거실엔 담배 연기로 가득했다.
    그만 좀 피워요. 냄새가 지독하네. 하는 어머니의 목소리가 있었고, 나는 담배 연기와 함께 조만간 좋지 않은 일이 일어날 것을 예감했다. 아버지에게서 담배 연기가 그만 나오게 할 방법이 뭐가 있을까 생각하다가 종이 인형 놀이를 하려고 꺼내 놓은 가위가 눈에 들어왔고 나는 가위를 들고 아버지 곁으로 다가가서
    이거 안 좋은 건데 계속 피우면 자를 거예요. 하고 겁도 없는 말을 했다.

내 말이 끝나기도 전에 아버지는 비스듬히 누워 있던 몸을 일으키고
　　어디 쓸데없이. 하며 큰 소리를 냈다.
나는 아버지가 그냥 웃어넘길 줄 알았는데, 평소와 다른 모습을 보이자 얼굴이 빨개지고 눈에는 눈물이 고였다.
　　아빠한테 그러는 거 아니다. 하고 아버지가 조용한 동굴 목소리로 한마디 더 하자 고여있던 눈물은 왕 쏟아졌고, 나는 속으로
　　다시는 아빠를 좋아하지 않을 거야. 와 비슷한 다짐들을 했던 것 같다.

　　나는 초등학교 저학년 때부터 그림을 그리고 싶었는데, 아버지는 그림을 그리는 것을 별로 달가워하지 않으셨다. 미술 경시대회나 사생대회 같은 크고 작은 대회에서 상장을 두어 번 탔을 때도 아버지는
그래, 잘했구나.하고 말았다.

　　5학년 때는 어머니를 며칠이나 졸라, 그럼 3개월만 해보자는 다짐을 받고 미술학원에 다녔다.
첫 테스트. 미술학원 원장님은 내가 아주 뛰어나진 않지만, 중학생 실력은 되니 열심히 하면 나아질 거라고 했다.
현실적이고 정확한 평가였다.
나는 미술학원 가는 하루하루가 너무 즐거웠다. 미술학원에 가던 길,

옆에서 원장님이 그림지도를 해줄 때 긴장되던 분위기, 학원에서 나던 물감 냄새, 손 날개에 까맣게 묻어 있는 연필 가루, 써억써억 종이에 닿는 연필 갈리는 소리. 모든 것이 좋았다.
그러나 약속했던 3개월은 생각보다 빨리 지나갔고, 나는 학원을 그만두게 되었다. 아버지는 그 정도 했으면 됐다. 고 했다.

고등학교 1학년 때는 미술 시간에 그린 과제가 '적절한 초현실화 예시 그림'으로 선정되어 교실을 여기저기 돌아다녔다. 미술 선생님은 미대 생각이 있으면 지금 시작해야 한다며 예체능 전향에 대한 의사를 물었고, 나는 부모님이 별로. 하며 말끝을 흐렸다.

며칠 뒤, 나는 용기를 내어 집에서 마주친 아버지에게 그림을 배워보고 싶다는 이야기를 꺼냈다.
아버지는 예상했던 대로 안 된다. 했고,
밥 벌어먹고 못산다. 문과에 가서 상경대에 진학하거라. 그게 안전하다. 라고도 했다.
아버지가 한 번 안 된다고 하면 안 되는 것. 이라는 가풍에 따라 나는 그날부터 문과 지망생이 되었다.
열일곱. 세상 즐거운 일들은 모두 사라지고 아버지에 대한 원망과 나의 조용한 방황은 시작되었다.

사춘기 시절에는 아버지와의 연결된 기억은 거의 없다.
나에겐 친구들과 함께하는 시간이 가장 중요했고, 아버지는 내 관심 밖의 사람이었다.

가끔은 아버지가 미울 때도 있었다.

시간은 흐르고, 나 역시 어른이 되면서 아버지에 대한 원망은 자연스럽게 희미해졌다.

내가 그린 그림이 처음 책에 실렸을 때, 나는 아버지에게 책을 보여주면서 마음속으로,
이것 보세요. 아버지가 틀렸어요. 라고 생각했던 것 같다.
그림의 결과물들을 보여줄 때마다 아버지는
그래 잘했구나. 애비가 미안하다. 하기도 하고, 어떤 때는 한숨도 쉬었다. 나는 깊이 생각하지 않았다. 정확히 말하면 깊이 생각하고 싶지 않았다.
나는 계속 뻐기고, 아버지는 계속 미안해했으면 좋겠다고. 그때의 나는 그랬었던 것 같다.

훗날 투병 중에 아버지는 진통제 때문에 어눌해진 말투로
그때 내가 미술을 시켰으면. 하고 웅얼거리곤 했다. 깊은 대화는 할 수 없었다.
나는 진통제를 먹기 전의 아버지와 이런저런 일들에 대해, 별것 아닌 일들에 대해, 나에 대해, 그리고 아버지에 대해 조금 더 이야기해 볼걸. 하고 생각했다.

기억을 더듬어 찾아가는 것은
완성될 수 없는 퍼즐을 맞추는 것과 다름없다.

초창기 그림 공부를 하던 시절 그렸던 습작이 있다. 여러 컷으로 이루어진 두 페이지짜리 만화였는데 그 내용은 이렇다.

만화의 주인공은 안구건조증이 무척 심해서 잠시라도 인공 눈물이 없으면 눈을 뜰 수 없을 정도로 괴로워한다. 괴로운 날들은 계속되고... (중략) 그러던 어느 날 주인공은 맑은 밤하늘 달을 쳐다보면서 아버지를 떠올리게 되는데, 갑자기 눈물이 주르르 흐르며 안구건조증은 치유된다.

당시 나는 안구건조증도 없었고, 보름달을 보면 아버지가 떠오르지도 않는데 왜 그런 만화를 그리게 되었는지 잘 모르겠다. 마음속 깊은 곳의 아버지에 대한 그리움을 그렇게 표현하고 싶었나 보다. 라고 누군가는 말하겠지.
그런데 신기하게도 지금의 나는 안구건조증이 심한 편이고, 매일 같이 인공 눈물을 달고 산다. 밤하늘에 떠 있는 달 보는 것을 좋아하고, 달을 보면 아버지가 생각난다. 그리고 아버지를 생각하면 가끔 눈물도 난다. 이런 것이 바로 예지력인가.
소오름.

당신은 휘파람을 잘 불었다.
입을 동그랗게 모아서 씰룩씰룩 움직이면 동그란 입 동굴 사이로 산토끼도 나오고 학교 종이 땡땡땡도 나왔다.
어떻게 하면 그렇게 잘 불을 수 있어요. 하고 내가 물어도
아버지는 장난스러운 표정으로 나를 한번 쓱 보고는
다시 휘파람만 불었다.

겨울로 가는 계절.
어느 날의 밤.
멀리서 보이는 담배 불빛.

아버지는 소리도 없이
아파트 뒤쪽 큰 나무 밑에서 나를 기다리고 있었다.

    추운데 나오셨어요.
    늦었구나.
    네.
    고생이 많구나.
    뭘요.
    날이 차다.
    네.

그렇게 집을 향해 걷다가
당신의 한쪽 손이 괜히 눈에 밟혀서 나는
    손이 너무 시려요.
하고 말을 꺼내본다.
그리고 용기 내어 슬며시 잡아 본다.
손은 투박하고 따뜻했다.
고개를 들어 올려다본 아버지의 얼굴은 부드럽게 미소 짓고 있었다.

나는 자연인이다. 라는 프로그램이 등장하기 훨씬 오래전부터 아버지는 자연에서 살길 원했다.
작은 텃밭이 있는 농가주택을 짓고, 터 잡은 곳에서 멀지 않은 곳에 계곡이 있으면 더 좋고. 그저 너희 엄마랑 가서 땅 파먹고 살고 싶네.
아버지가 자주 하던 말이다.

양복을 매일 입고 늘 바쁜 아버지가 골프 채널을 보며 그런 말을 할 때마다 나는, 골프장과 아버지의 양복과 농가주택이 썩 어울리지 않는데요. 라고 혼자 생각했다.

젊은 시절의 아버지 사진을 보면 크게 두 가지 장소의 배경으로 나뉜다. 세련된 높은 건물의 배경에서 양복을 입은 아버지 하나, 자연의 배경에서 민소매 차림의 아버지 둘.

나는 높은 건물들 앞에 서 있는 양복 입은 모습도 좋고 우거진 나무숲 속에서 민소매를 입은 모습도 좋다. 양복 차림의 아버지는 근사하고, 민소매의 아버지는 자유분방해 보인다. 그래도 굳이 하나 골라야 한다면 나는 민소매에 한 표다.

두꺼운 안경테, 삐딱하게 눌러 쓴 모자, 돌돌 말아 무릎밑까지 올린 바지, 아무렇게나 서서 옆에 있는 바위 위에 다리 한쪽을 올려놓고 씨익 웃는 모습.
약간 껄렁해 보이는 민소매의 아버지가 나는 꽤 마음에 든다.

나는 집과 밖에서 본명인 조혜주, 세례명이자 작가명인 조안나. 거의 두 가지 이름으로 불린다.

아버지는 나를 혜주야, 혹은 막내야. 하고 부르는 일이 많았다.

아버지가 혜주야. 하고 부를 때는 특히 'ㅎ' 자와 'ㅖ' 자에 힘을 주고 '히예주야' 하고 불렀는데, 이렇게 부를 때는 진지한 이야기를 해야 할 때나 대답하기 곤란한 특정한 질문을 하거나 할 때가 많았다.

막내야. 하고 부를 때는 대부분 심부름을 시키거나, 부탁할 일이 있거나, 아버지의 기분이 좋을 때다.

그래서 나는 아버지가 혜주야. 하고 힘주어 부르면 괜히 슬금슬금 거리고, 막내야. 하고 부르면 얼른 대답했다.

아버지는 나와 있을 때면 듣기 좋은 말을 종종 해 주었다.
너는 손발이 참 복스러워. 요리하면 음식이 맛있겠다.
이마가 넓어서 마음이 참 좋겠구나.
작은 눈이 복 있는 눈이야.

아버지는 보는 눈이 있다.

아버지는 역사와 정치에 관심이 많았다. 특히 역사에 대한 지식과 자부심이 상당했는데, 텔레비전에서 그와 관련한 드라마나 다큐멘터리를 방송할 때면 옆에서 같이 보고 있는 나에게 질문을 던지곤 했다. 보고 있는 드라마의 시대는 언제인지, 현재 왕의 아버지는 누구인지, 가장 대표적인 업적은 무엇이며 당시 세력을 잡고 있던 인물은 누구인지.

주입식 교육의 당사자이며 벼락치기의 선수인 나는 바로 답을 알 수가 없어서 글쎄요. 누굴까요. 기억이 나지 않는데요. 라고 대답을 한다. 그러면 아버지는 의미심장한 눈빛을 나에게 보내고, 그때부터 역사 강의는 시작된다.

정치 이야기를 나눌 때면 아버지는 진보적인 사람이 된다. 평소에는 보수적인 면이 많은 것 같은데. 나는 늘 신기했다.

아버지에게는 일명 007가방이라고 불리는 직사각형 모양의 큼지막한 서류 가방이 있었다.
가방 표면은 알 수 없는 재질의 검은색이고 가방을 똑똑 두드려 보면 단단한 소리가 났다. 테두리와 손잡이가 있는 가운데 부분은 알루미늄으로 되어 있는데, 손잡이 아래에는 세 가지 번호를 맞춰야 열리는 잠금장치가 있다. 가방 한 쪽 면의 구석에는 아버지의 이니셜 스티커가 붙여져 있었다.
아버지가 회사에 다닐 때는 그 가방을 가지고 국내외 출장이나 연수를 다녀오기도 했고, 회사를 그만두고 나서는 집의 중요한 서류들을 보관하는 용도로 쓰이게 되었다.
가방의 비밀번호는 한동안 007이었던 것으로 기억한다.

아버지는 영화 007을 좋아했다.
007 외에도 스릴과 액션과 모험이 곁들어진 영화를 좋아했는데,
인디애나 존스 시리즈, 스타워즈 시리즈, 미션임파서블 시리즈 등을 즐겨보았다.
가끔 밤에 UFC채널을 집중해서 보던 모습을 생각하면 아마 피가 터지는 하드코어 영화도 좋아하셨을지도 모르겠다.

반겨주는 모습이 좋습니다.
어색하지만 따뜻하게 지어주는 미소가 좋습니다.
때론 입을 벌리고 허. 하고 웃는 모습이 눈앞에 떠오릅니다.

정월 대보름.
아버지는 거실에서 마주친 나에게
    달이 크다. 소원 빌어야지.
여느 때 같았으면
네. 하기만 하고 베란다에서 슬쩍 내다보고 말았을 텐데
그날은 아버지를 따라 아파트 일 층까지 내려갔다.

아버지는 담배에 불을 붙이고는 조금은 상기된 얼굴로
밤하늘을 올려다본다.
나는 정자에 앉아 하얀 담배 연기를 후. 뿜는 아버지의 뒷모습과 하늘에 떠 있는 보름달과 얼룩얼룩 보이는 밤 구름을 구경한다.
    소원 빌었니.
    네, 뭐 그냥.
    혹시 아니, 소원이 이루어질지.
아버지는 입을 허 벌리고 바보처럼 웃었다.

    그리고 얼마 지나지 않아 아버지가 많이 아프다는 것을 알게 되었다.
나는 가끔 그날, 아버지와 같이 보던 보름달이 생각난다. 그리고 그때 아버지의 말처럼 달에게 소원을 빌었으면.
아버지가 조금은 덜 아프지 않았을까 하는 생각을 해 본다.

아버지가 암 판정을 받았다.

암은 몇 년이나 아버지 몸에 숨어서 조용히 자라고 있었다. 아버지도, 가족들도, 아무도 몰랐다.

　아버지 담당 의사를 만나 검사 결과를 보러 간 날.
컴퓨터 모니터만 보고 이야기하는 의사가 나는 마음에 들지 않았다.
항암치료 과정과 앞으로 벌어질 상황에 대한 이야기를 듣고 우리는 집으로 돌아왔다.
아버지는 생각보다 담담했다. 아니 담담한 척했다. 아버지는 괜찮을 거라고 말했지만, 의사를 만나고 온 날 이후로 눈빛에 돌던 생기는 연해지고 말수는 줄어들었다.

　치료가 시작된 지 얼마 되지 않은 어느날이었다. 잠깐 요 앞에 산책하러 가시나 했는데, 아버지는 머리카락을 동자승처럼 자르고 왔다.
어차피 빠질 건데. 허 웃으면서 머리카락이 없는 머리를 당신의 손으로 자꾸 쓸어 넘겼다.
머리카락이 사라진 아버지의 얼굴이 너무 적나라하게 드러났고, 나는 우리 아버지가 정말로 아프구나. 하는 생각이 들어서 아버지처럼 허 하고 웃을 수가 없었다.

투병 중에도 아버지는 간단한 메모를 쓰고 챙겨야 할 것들을 스스로 챙겼다.
그러다가 갑자기 대화를 잘하지 못하게 되었는데, 아버지가 말하고 싶은 것을 내가 잘 알아듣지 못할 때면 많이 답답해하셨다.

이제는 거동이 어려워진 아버지가 화장실을 가고 싶어 하면, 나는 아버지를 마주 보며 꼬옥 끌어안고 한 걸음, 한 걸음 뒷걸음을 친다. 하나둘 하나둘. 내 구호에 맞춰 어린애처럼 걷는 아버지를 안고 있자니 기분이 이상했다.
나는
    아빠 처음 안아보네요. 하고 괜히 콧소리를 내보고
아버지는
    아니야. 예전에. 너. 어렸을 적에. 하고 띄엄띄엄 대답한다.
그러고 보면 꼬맹이 때 아버지의 발등 위에 내 발을 포개서 걸었던 일이 생각나는 것 같기도 하고.

좋고 따뜻한 기억들은 늘 뿌옇고 꿈결 같아서 기억해 내려 노력할수록 어디론가 흩어져 버린다.

아버지는 커피를 즐겨 드셨다.

집에서 드실 때는 원래 커피 하나에 프림 두 개에 설탕 하나였고, 다음에는 커피 하나에 설탕 두 개, 그 다음에는 커피 하나에 설탕 하나 물 많이. 로 바뀌었다. 커피는 담배와 함께, 담배 피운 후에, 그리고 식후에 한잔하는 것을 좋아하셨다.

내가 아버지의 커피 취향을 이렇게 잘 알고 있는 데는 이유가 있다. 아버지는 내가 초등학교에 들어갈 무렵부터
 심청이는 여섯 살 때부터 부모님을 봉양했다지.
 우리 막내도 이제 충분히 할 수가 있지. 하며 커피 제조하는 일을 맡겼다.

아버지가 식사를 마치고 화장실에 볼일을 보러 가는 소리가 나면, 나는 스테인리스 주전자에 물을 받고, 주전자를 가스레인지 위에 올리고 가스 불을 켠다. 다음으로, 불투명한 하얀 컵에 커피 가루와 프림 가루와 설탕을 넣고 물이 끓기를 기다리면, 잠시 후 주전자에서 삐잉 소리가 난

다.

가스 불을 끄고, 행주로 주전자 손잡이를 꽉 말아 잡은 다음 천천히 물을 컵에 따르면 어려운 일은 일단 끝이다. 마지막으로 티스푼으로 커피를 잘 젓는다. 어머니가 작고 네모난 쟁반을 건네면 그 위에 컵과 티스푼을 가지런히 놓고 아버지가 위치한 곳으로 배달한다.

내가 커피를 배달하면 아버지는

    고맙다. 하거나

    이제 다 컸구나. 하거나

갑자기 윙크를 날리곤 했다.

커피 타 드리는 일은 내가 성인이 되어서도 계속되었다.

투병 중에도 아버지는 가끔 커피를 드셨는데 언젠가부터는, 커피가 이제 맛이 없구나. 하셨다.

아버지의 병이 깊어질수록 나의 커피 배달 횟수는 점점 줄어들었다.

어느 날은 텔레비전에서 한 방송사가 기획한 대형 음악 콘서트가 방송되었다. 방송에서는 아버지가 알고 좋아하는 노래들이 흘러나왔고, 아버지는 갈라진 목소리로 조금씩 노래를 따라 불렀다.
어떤 노래였던가. 전자기타 반주가 흘러나오자, 아버지는
   아. 살면서 기타 한번 제대로 못 배워봤구나. 하더니
텔레비전 속 기타 연주자를 따라 허공에 기타를 치기 시작했다.

거실 바닥에 앉아 상상의 기타 줄을 튕기며 힘없이 흔들거리는 아버지의 어깨는 너무 가벼워 보였다. 나는 아버지의 뒷모습이 마치 바람에 흔들리는 버드나무 잎사귀 같다고 생각했다.
그리고 얼마 지나지 않아 아버지는 일어나지 못했다.

   버드나무 파란 잎사귀들이 바람에 살살 흔들리는 계절이 오면, 나는 그때의 아버지가 생각난다.
그리고 언젠가 나는 기타를 꼭 배워봐야지. 하고 다짐한다.

걷는 것을 좋아하는 나는, 걷는 것을 좋아하는 아버지에게
　올가을엔 같이 올레길을 걸어요.
　내년 봄엔 같이 한라산이나 갈까요. 하면, 아버지는
　그래 언젠가 그렇게 하자. 하고 희미하게 미소만 지었다.
아버지의 희미한 미소가 거절의 의미인 줄 알았던 바보 같은 그때의 나는 아버지와 올레길도 한라산도 같이 가지 못했다.

당신에 대한 기억을 기억해 내려 애를 쓰고 아무리 머릿속을 뒤져보아도 잘 떠오르지 않는다.
기억하려 해도 기억할 것이 별로 없다는 것은
어쩐지 조금은 쓸쓸하다.

저어기. 아버지가 불 속으로 들어간다.

아버지를 담은 나무상자가 불에 들어가는 것을 지켜보러 우리는 번호가 붙여진 동굴 모양의 공간으로 들어갔다. 들어가자마자 보이는 작은 공간의 전면은 유리로 되어 있었고 유리 너머에는 커다란 가마가 몇 개씩 있었다. 친절하게도, 유리를 통해 진행 상황을 지켜볼 수 있도록 공간의 양쪽 벽에는 긴 의자가 마주 보고 있었다.
나는 가족들과 의자에 앉아 유리 너머를 한참 지켜본 것 같은데 기억나는 거라고는 하얀 모자와 마스크를 쓴 사람이 항아리를 보자기에 싸고 짧게 묵념하던 모습뿐이다. 그곳에서의 내 기억은 어디론가 사라져 버렸다.

장례를 치르는 내내 나는 특별한 감정이 들지 않았다. 의사가 병원에서 사망선고를 할 때도, 장례식장에 모르는 친척들과 낯익은 사람들이 교차하며 오갈 때도, 어머니가 슬프게 울먹일 때도 나의 마음은 잠잠한 호수 같았다.

얼굴도 잘 모르는 사람들이 아버지가 누워 있는 곳에 몰려와서 어이어이 곡을 한다. 베옷을 입고 누워 있는 아버지의 얼굴은 닥종이로 만든 인형 같다. 아버지를 사이에 두고 마주한 어떤 이가 서럽게 우는 통에 나는 고개를 숙였다. 눈물은 나지 않았다.

그러다가 평범한 어느 날.

나는 샤워를 하다가,
텔레비전을 보다가,
음악을 듣다가,
어딘가 비슷한 뒷모습을 보다가
갑자기 코끝이 찡해졌다.

밍꿍이.

아버지는 자기가 나고 자라던 동네에서는 맹꽁이를 밍꿍이라고 불렀다며, 맹꽁이 대신 밍꿍이 라는 말을 즐겨 썼다.

내가 어설픈 행동이나 어이없는 실수를 할 때면 아버지는
녀석 밍꿍이 같이. 다 큰 녀석이. 라고 어김없이 말했다.
농담처럼 진담처럼 들리는 그 밍꿍이 소리에 다들 괜히 웃음이 나서. 나는 크크 거리고, 아버지는 껄껄거리고, 그 모습을 지켜보는 다른 가족들도 피식피식 웃었다.

나는 아버지의 밍꿍이 소리가 좋았다.
아버지가 나에게 밍꿍이 같이. 라고 할 때면 아버지는 고개를 살짝 틀어 내 쪽을 보고는 조금은 능글맞은 표정을 짓는다. 가끔가다 어머니나 다른 가족들이 아버지의 밍꿍이 같이. 를 따라 해봐도 아버지의 밍꿍이 하는 맛이 나지 않았다. 말하자면 밍꿍이는 아버지의 시그니쳐 단어였다.

내가 사는 아파트 뒤쪽이 아직 푸르른 벌판이었을 때, 춥지 않은 밤공기가 느껴지는 계절이 오면 맹꽁이들이 우는 소리가 들렸다. 여기서 맹꽁 저기서 맹꽁. 맹꽁맹꽁 소리를 가만히 듣고 있으면, 귀가 살짝 간지럽다가, 조금 재미있는 생각들이 들기도 했다가, 내가 아버지에게 들은 밍꿍이 소리가 저만큼은 되지 않을까 싶다가, 맹꽁이들은 밍꿍이라 불리는 걸 과연 좋아할까, 하는 쓸데없는 생각을 하곤 했다.

언젠가부터 맹꽁이들이 살던 곳은 건물로 하나둘씩 채워졌고, 춥지 않은 밤공기가 느껴지는 계절이 되어도 맹꽁이 소리는 더 이상 들리지 않는다.

맹꽁이들은 이제 없다. 아버지도 없다.

아버지는 노란색 종이의 줄 노트에 글 쓰는 것을 좋아했다.

아버지가 돌아가신 후 나는 한동안 그저 그런 날들을 보내다가 문득 갑자기 방 정리를 하고 싶어져서 책상 서랍을 열었다.
서랍 안에는 쪽지며 가족들에게 받은 크리스마스카드며 중요한 것들과 중요하지 않은 것들, 당장 버려야 할 것들이 뒤섞여 빼곡히 들어차 있었다. 서랍 한쪽 구석의 상자 옆에는 꽉 끼어 겹쳐 있는 종이들이 있었는데 종이들 사이로 언뜻 노란색이 보였다. 아버지가 즐겨 쓰던 노란색 줄 노트 종이였다. 종이는 몇 번에 걸쳐 접혀 있었고, 두께가 얇아 적혀 있는 글씨체가 비쳐 보였다.
　이걸 언제 받았지. 기억이 잘 나지 않았다. 스치듯이 받아서 대강 읽고 넣어놓은 것이 분명했다.
종이를 펼치고 맨 아래로 눈이 갔다. 날짜도 없다. 내용을 빠르게 읽어 보니 최근 몇 년 전 나의 생일 때쯤인 것 같다. 그 안에는 나에 대한 미안한 마음, 고마운 마음들이 볼펜으로 꾹꾹 눌러 쓰여 있었다.
갑자기 마음속이 복잡해지다가 아버지에게 묻고 싶은 것들이 하나둘

생각났고, 아버지는 이제 볼 수가 없지. 깨닫게 되자 눈물이 와르르 쏟아져 나왔다.

그날은 하루 종일 아팠다.

내가 어릴 적에는 노란색 종이 줄 노트가 그리 흔하지 않았다. 아버지의 회사에서는 이 노트가 직원들에게 주는 비품이었는데, 아버지는 아버지가 사용하던 노란색 노트를 집에 가져와 언니 오빠에게 주곤 했다. 언니와 오빠는 외제 느낌이 난다며 많이 좋아했다.

회사에 다니실 때도, 퇴사 후에도 아버지는 나에게 부탁할 일이 있거나

잊지 말아야 할 일, 계획을 세울 때, 무언가 준비해야 할 것이 생길 때면 식탁에 앉아 노란색 노트에 볼펜을 꾹꾹 눌러 글씨를 썼다.

어떤 날은 오랜만에 만난 아버지가 나에게 종이쪽지를 건네주었다. 손바닥만 하게 자른 노란색 종이에는 아래의 내용이 적혀있었다.

    손발 찬 사람. 수족 냉증.
    물 1L에 생강 두세 쪽, 대추 5-6알.
    차로 끓여 먹음. 꾸준히 먹으면 좋음.

우리 집에는 낡은 검은색 가죽 소파가 하나 있다.
구입 한 지는 십 년 정도가 된 것 같은데 자기 나이보다 한참 전부터 낡아 있었다. 고양이 때문이었다.

나와 함께 사는 고양이중의 한 녀석이 한동안 소파 긁는 재미가 들려서 낮과 밤을 가리지 않고 벅벅 긁어댔다. 발톱을 턱 박아놓고 긁어대는 녀석의 뒤태는 딱 봐도 나 즐기고 있거든. 하는 모양새라서, 그래 어디 한번 긁어봐라. 하는 심정으로 놔두었다.

녀석의 스크래쳐가 된 소파는 얼마 지나지 않아 여기저기 뜯어져 볼품이 없어졌다. 특히 소파 한쪽, 궁둥이가 닿는 가장자리 부분의 가죽이 조금 뜯겨 있었는데 날이 갈수록 뜯긴 상처는 점점 벌어지고 크기도 제법 커졌다.

아버지가 암 선고를 받고 투병을 시작한 지 얼마 되지 않았을 즈음. 어느 날, 아버지는 낡아빠진 소파 앞에 쪼그리고 앉아 무언가를 하고 계셨다. 다가가서 보니 어디선가 구해 온 에이포 종이 한 장 크기의 검은색 가죽을 소파 뜯어진 부분에 붙이고 계셨다. 아버지의 처음 보는 모습에 조금 당황해서 나는 그 모습을 가만히 지켜만 보고 있었다.
아버지는 자신을 보고 있는 내게 변명이라도 하듯이
    그냥 놔두면 계속 찢어지니까. 하며 쓸쓸한 미소를 지었다.
    네. 하고 나는
아버지가 쪼그리고 앉아서 가죽에 뚜걱 뚜걱 본드를 바르는 모습을 눈에 차곡차곡 담았다.

아버지가 돌아가신 후 어느 날.
소파에 덮어놓은 방석을 들었는데, 아버지가 그때 덧대 놓은 가죽이 보였다. 나는 손바닥으로 괜히 가죽을 쓰다듬어 보았다.

소파는 아직 우리 집 거실에 있다.
아버지가 가죽을 붙여놓은 자리는 더 이상 찢어지지 않고 그대로 있다. 그리고 그 위에선 소파를 벅벅 긁던 그 녀석과 다른 한 녀석이 종종 잠을 잔다. 나는 그 모습이 참 좋다.

아버지를 생각하면 파란색이 떠오른다.
파란색은 따뜻하다.

잠결에 가만히 떠오르는 것들

파란색. 안개. 뒷모습. 싱가포르. 여행. 영화 007. 즐겨 입으시던 양복과 흰색 와이셔츠. 담배. 자신 있는 표정. 외로움. 골프. 바둑. 노란색 노트. 설악산. 어깨. 한숨. 바보 같은 웃음. 호이호이 휘파람 소리.
주말에 같이 먹던 핫케이크. 그 위에 올려진 부드러운 버터 한 조각.

꿈에 아버지가 나왔다.
꿈속에서도 당신은 아무런 말이 없다.
반가운 마음에 아는 체를 해도 가만히 나를 보고만 있다.
섭섭하고 답답한 마음에 나는 목소리를 높여 아버지이. 부르고 소리치다가 이내 잠에서 깨어났다.
깨어보니 나는 울고 있었다.

가야만 할 것 같았다.

평소에 관심이 있던 나라도 아니었고, 나는 덥고 습한 날씨를 힘들어해서 그곳은 가고 싶은 여행지 목록에 들어 있지도 않았다. 그러다가 아버지가 돌아가시고 어느 날의 아침. 갑자기 그곳에 꼭 가야겠다는 생각이 들었다. 나는 싱가포르에 가야 했다.

　막상 여행을 결심하고 나니 비행기와 숙소를 예약하기는 쉬웠다. 평소대로라면 몇 달 전부터 계획을 했을 텐데 이번엔 3주쯤 뒤에 출발이었다. 꼭 필요한 것만 단출하게 짐을 꾸렸다. 3박 5일의 짧은 일정이니 기본적인 소지품과 씻고 바를 것, 갈아입을 상의 세 벌에 바지 두 벌. 편하게 신을 샌들 하나.
덥지만 않으면 티셔츠에 바지 한 벌이면 되는데 하고 혼자 툴툴거리다가 너무 즉흥적인 거 아니야. 하고 킬킬거리다가 결국 집에 굴러다니던 몇 년은 지난 싱가포르 여행 책자도 하나 챙겼다.

혼자 여행은 처음인데 떨리거나 걱정되지는 않았다.

비행기 안에서 바라본 싱가포르의 밤하늘은 생각보다 어둡지 않았다. 검은 구름이 비행기와 나란히 떠 있었고 기내에서는 도착을 알리는 방송이 나왔다.
아버지가 생각 나는 나라. 싱가포르.

아버지는 종종 아버지가 예전에 가 보았던 나라에 대한 이야기들을 하곤 했다. 미국, 호주, 캐나다, 동남아시아의 여러 나라들. 그중에서도 빠지지 않고 등장했던 나라가 바로 싱가포르였다. 싱가포르 이야기를 할 때면 아버지는 늘 '싱가포르에서느은 말이다' 하면서 말문을 꺼냈다. 어린 시절 아버지의 말을 가만히 듣고 있다 보면 싱가포르는 미래의 도시 그 자체였다.
그곳에서는 매일매일 느닷없는 비가 쏟아지기 때문에 사람들은 늘 우산을 챙겨 다닌다. 혹시 우산이 없더라도 도심은 높은 빌딩 숲으로 이루어져 있어서 건물 사이로만 다니면 비를 맞지 않고 다닐 수 있다. 아버지의 말은 꼬맹이의 상상력을 자극했다.

아버지가 싱가포르 연수에서 찍은 사진들을 보면 반듯한 양복에 넥타이 차림으로, 다양한 나라에서 연수 온 동료들과 함께 정면을 보고 서 있었다. 장발의 아버지는 생기있고 당당해 보였다. 사진 속에서 아버지의 파란 양복이 제일 빛나 보였다. 나는 어린 마음에도 아버지의 파란 양복이 깔끔한 싱가포르의 이미지와 비슷하다고 느꼈다. 그날 이후로 싱가포르는 나에게 파란 나라로 인식되었다.

비행기에서 내려 짐을 찾고 나오니 승객들로 꽉 차 있던 비행기 객실과는 다르게 공항은 텅 비어있었다. 그 많던 사람들은 다 어디로 다 갔을까. 밤늦은 시간, 사람이 없는 공항에 혼자 서 있자니 갑자기 조바심이 났다. 나는 공항 밖으로 나왔다. 덥고 습한 밤공기가 훅 들어왔다. Taxi라고 써진 표지판 아래에는 각종 색깔의 택시들이 주욱 늘어서 있었다. 그중 하얀색 택시가 가장 먼저 눈에 띄었는데, 택시 꽁무니에 서 있던 운전자는 나와 눈이 마주치자, 한국말로 빨리빨리. 하며 나에게 그쪽으로 오라는 손짓을 했다. 하얀색 택시는 요금이 비싸서 타지 말라던 안내 책자 내용이 생각났지만 당장 호텔로 가고 싶었다. 나는 친절하게 마담. 하며 문을 열어주는 하얀색 택시에 올라탔다. 택시는 쏜살같이 달렸다.

도착 다음날 부터는 본격적인 관광을 했다.
카야토스트 맛집도 갔고 미술관도 구경했다. 방송에 많이 소개되었던 거대트리와 실내 정원도 구경했다. 현지인들이 많이 찾는다는 노상 레스토랑에서 근사한 식사도 했다. 일정 중간에 잠깐 아버지가 다녔던 회사 건물을 찾아가 볼까도 생각했지만 이내 그만두었다.

도심은 깨끗하고 마주치는 사람들은 모두 친절했다. 건물들은 높고 근사했으며 하루에도 몇 번의 스콜이 내렸다.
나는 싱가포르에서 유명하다는 장소에 가서 관광을 할 때나 음식을 먹을 때면, 아버지도 이곳에 와 보았을까. 하고 생각하다가 아버지가 아직 계실 때 같이 한번 와볼걸. 하는 생각도 했다.

3박의 일정은 생각보다 빠르게 지나갔고 나는 집으로 돌아왔다.

    싱가포르에 가면 이것저것 글도 적고 그림도 그려야지 하며 들고 간 노트에는 아무것도 채워지지 않았다.
짧은 여행에 대한 글을 쓰거나 그림을 그릴 정도의 영감을 받지도 않았고, 여행이 특별히 즐거운 것도 아니었다.
나는 그저 아버지가 밟았던 땅을 밟아보고, 아버지가 올려다보았던 고층 건물과 하늘을 본 것만으로 만족스러웠다.
그거면 충분했다.

싱가포르는 나에게 여전히 파란색의 나라이다. 그리고
파란색은 따뜻하다.

어느 날, 아버지는 안개꽃을 사 왔다. 한 손에 꽉 찬 하얀 안개꽃 다발에는 빨간 장미 한 송이가 콕 박혀 있었다. 보통은 장미가 주인공이고 안개꽃이 조연인데 그날은 안개꽃이 주인공이었다.
어머니는 이런 걸 왜. 하면서도 피식 웃었고, 나는 의자를 밟고 올라가 부엌 찬장에서 어머니가 좋아할 만한 유리병을 찾았다.

어렸을 때는 안개꽃이 참 촌스럽다고 생각했다. 물이 마르면 지저분하게 흩날리고 특별한 향기도 없는 하얀색이 이름만 꽃일 뿐 길가에 핀 흔한 풀들과 다름이 없다고 생각했다.(안개꽃은 석죽과에 속하는 내한성 한해살이풀)

요즘은 하얀색 안개꽃이 이쁘다.
조용하게 작은 봉우리들이 오밀조밀 모여 있는 모습이 왠지 귀엽고 따뜻하다. 물에 잘 담가 놓으면 꽤 오랫동안 생생하게 살아 있다. 말라서도 색이 곱다.
자꾸만 안개꽃 이야기를 하다 보니 곁에 두고 보고 싶다. 조만간 사러 가야겠다.

뼈대기가 이렇게 얇아서 어디 가서 일은 하겠냐.

내가 아버지 곁에 앉아 있을 때마다 당신이 하던 말이다.

당신은 당신이 꺼낸 말을 핑계 삼아 내 손목을 슬쩍 잡고는 요리조리 살펴보다가, 어디 딸내미 손금 좀 볼까. 하고 안경을 이마 위로 올린다.
운명선은 길고 좋은데 마음이 왔다가 갔다가 하는구나. 그래도 진득하게 뭐든지 하다 보면 좋은 때가 있단다. 하고는 어느샌가 스윽 일어난다.

아버지가 손금을 정말 볼 줄 아는 것인지, 아니면 딸내미 속을 훤히 꿰뚫고 있어서인지, 혹은 둘 다인지. 나는 아직도 알 수가 없다.

아버지의 말대로 나는 흔들리는 마음을 붙잡고 여기에 서 있다.

이전에도. 지금도. 앞으로도.
내 마음은 언제나 흔들리고 있겠지만, 어디에선가 아버지가 나의 말을 들을 수 있다면 이렇게 말해야지.
다른 건 몰라도 저는요, 진득하게는 자신이 있어요. 아부지. 라고.

마치는 말

책 「어떤 날의 기억」은 돌아가신 아버지에 대한 사적인 기억의 기록입니다. 일상에서 문득 떠오르는 아버지에 대한 기억들을 붙잡아 조금씩 기록하고 정리한 글을 그림과 함께 모아 책으로 엮었습니다.

그림만 그리며 살던 사람이 처음으로 글도 쓰고 편집도 한 책이라서 조금 모자란 부분이 있겠지만, 그럼에도 책을 집어 보아 준 분들이 계시다면. 감사합니다.

이 책을 보는 동안, 잊고 있던 당신의 '어떤 날의 기억'이 떠올랐다면, 그래서 그 기억이 마침 좋은 기억이면 좋겠습니다.

끝으로, 그림 전시를 하고 책을 펴낼 수 있도록 후원 해주신 김포시민과 김포문화재단에 깊이 감사드립니다.

조안나 드림.

발행처 인디펍
발행인 민승원
출판등록 2019년 01월 28일 제2019-8호
전자우편 cs@indiepub.kr
대표전화 070-8848-8004
팩스 0303-3444-7982

정가 7,500원
ISBN 979-11-6756600-3 (03810)

책「어떤 날의 기억」은 (재)김포문화재단 2023 김포예술활동지원사업의 지원으로 발간되었습니다.

어떤 날의 기억

2023년 10월 31일

지은이 조안나
편집　　조안나
디자인 조안나

전자우편 joillust@daum.net
인스타그램 @anna_purda

©2023 조안나
이 책의 저작권은 지은이에게 있으며 무단 복제와 전재는 법으로 금지되어 있습니다.